Virginie
Auguste-Dormeuil
Solanie Ravoux

Nous, les **enfants** de 1929

De la naissance à l'âge adulte

Éditions Wartberg

Mentions légales

Crédits photographiques :

Archives personnelles de l'auteur, p. 4, 8-9, 14h, 16, 18, 20, 33, 35, 37b, 38, 41, 43-44, 46-47, 54-56, 59h, 62b.
Archives personnelles de madame Rhein, p. 7, 17, 19, 23, 52.
Archives personnelles de madame Ravend, p. 14b, 15, 25b, 28, 30, 36, 40, 50, 53, 62h.
© Picture-alliance / dpa, p. 61 ; Picture-alliance / akg-images, p. 6, 11, 37h ;
Picture-alliance / dpa - Fotoreport, p. 10 ; Picture-alliance / IMAGNO / Austrian Archives, p. 22, 27 ;
Picture-alliance / Everett Collection, p. 24, 34 ; Picture-alliance / maxppp / Delius / Leemage, p. 25h ;
Picture-alliance / KPA, p. 31 ; Picture-alliance / Mary Evans Picture Library, p. 51, 59b ;
Picture-alliance / united archives / TopFoto, p. 57 ; Picture-alliance / united archives, p. 63.
© Ullstein bild – Hartramph, p. 60.
© Roger-Viollet, p. 13, 21, 32 ; Albert Harlingue / Roger-Viollet, p. 12, 26 ;
Gaston Paris / Roger-Viollet, p. 39 ; LAPI / Roger-Viollet, p. 42, 45, 48.

Nous remercions tous les ayants droit pour leur aimable autorisation de reproduction.
Dans le cas où l'un d'eux n'aurait pu être joint, une provision de droits est prévue.

L'auteure tient à remercier mesdames Solange Rhein et Annie Ravend pour leurs précieux témoignages.
Les citations du chapitre 3 sont extraites du « Cahier journal en cours moyen deuxième année », de la classe de monsieur Jules Derégnaucourt, à Saint-Étienne-de-Fougères.

6e édition, 2014

Un département de
Wartberg Verlag GmbH & Co. KG.
Im Wiesental 1
34281 Gudensberg-Gleichen
Allemagne

Conception graphique : Ravenstein & partenaires, Verden.
Imprimé en Allemagne sur les presses de Thiele & Schwarz, Kassel.

ISBN : 978-3-8313-2529-0

Préface

Chers enfants de 1929,

Nous les enfants de 1929, nous sommes nés au moment où les Années folles prenaient fin. Paris était encore une fête, mais de l'autre côté de l'Atlantique, c'était la Bourse qui devenait folle, réduisant à la misère des millions d'Américains. Les progrès de la technique et l'audace des hommes repoussaient les limites connues jusque-là : des lignes aériennes s'ouvraient, des dirigeables faisaient le tour du monde, de gigantesques paquebots traversaient les océans et des expéditions automobiles parcouraient les continents.

Nous avons appris à écrire en trempant notre plume dans un encrier. L'instituteur jouissait d'une autorité que nous ne songions pas à contester, et nos efforts étaient récompensés par des bons points. Nous avons grandi avec l'arrivée du cinéma parlant, un Gramophone et un poste TSF à la maison. Puis sont arrivés les congés payés et les vacances au bord de la mer. Les enfants des villes jouaient sur le trottoir à la marelle et aux billes, tandis que ceux des campagnes participaient aux moissons. Tous ont beaucoup pédalé sur leurs bicyclettes.

Les années sombres de la guerre ont marqué notre enfance. Sous l'occupation allemande, nous avons connu les privations, le froid, la faim et la peur. Quand la Libération est enfin arrivée, nous avions 15 ans : nous avons couru dans la rue, brandi des drapeaux français et dansé sous les guirlandes tricolores. Nos amis s'appelaient Madeleine, Yvette, Jacques ou Pierre ; avec eux, nous avons découvert le plaisir d'aller à la patinoire, au cinéma et au bal.

Nés sous la IIIe République, nous avons connu le Front populaire et le général de Gaulle. Notre jeunesse a été bercée par les chansons de Tino Rossi et de Charles Trenet, le paso doble et le swing américain… Et alors qu'Édith Piaf chantait *La Vie en rose*, nous faisions nôtres les vers de Raymond Queneau, bien décidés à cueillir les roses de la vie : « Allons cueille cueille / si tu le fais pas / ce que tu te goures / fillette fillette / ce que tu te goures »…

Solanie Ravoux

Virginie Auguste-Dormeuil

1929-1931

Sur un air de charleston

Un vrai bébé Cadum : rondelet, gracieux et d'un joli teint rosé.

Des Années folles au Jeudi noir

Au sortir de la première guerre mondiale, la jeunesse française, fermement décidée à croire que c'était bien la « der des der », rêve d'un monde nouveau et s'écrie : « Plus jamais ça ! » Dans les années qui suivent, le pays, certes victorieux mais dévasté par la guerre, retrouve peu à peu une

Chronologie

24 octobre 1929
« Jeudi noir » à la Bourse de New York. Les cours s'effondrent, 13 millions d'actions sont vendues et presque 10 milliards de dollars perdus en moins de deux heures.

2 juin 1929
À Roland-Garros, René Lacoste remporte la finale du simple messieurs contre Jean Borotra.

4 septembre 1929
Le dirigeable allemand *Graf Zeppelin* achève son tour du monde en vingt jours. Il transporte 22 passagers et 40 hommes d'équipage.

12 mars 1930
En Inde, le Mahatma Gandhi, à la tête d'un mouvement de désobéissance civile, entame la Marche du sel pour protester contre le pouvoir britannique.

7 avril 1930
En Union soviétique, le Goulag (organisme central gérant les camps de travail forcé) est fondé *via* un décret officiel. Joseph Staline, chef du Parti communiste soviétique, fera déporter plusieurs milliers d'« ennemis du peuple ».

12 mai 1930
Le pilote Jean Mermoz réussit la première liaison postale transatlantique sans escale, parcourant 3 200 kilomètres en vingt et une heures pour relier l'Afrique au Brésil.

11 septembre 1930
Élections législatives en Allemagne. Le parti nazi, dirigé par Adolf Hitler, passe de 12 à 107 sièges au Parlement.

21 février 1931
En Allemagne, le nombre de chômeurs s'approche des 5 millions.

4 avril 1931
À Beyrouth (Liban), départ de la Croisière Jaune, un raid automobile de 13 000 kilomètres organisé par André Citroën. L'expédition, qui suit la mythique Route de la soie, rejoindra Pékin le 12 février 1932.

13 mai 1931
Paul Doumer est élu président de la République française.

17 octobre 1931
Arrestation d'Al Capone, surnommé « Scarface », chef de la pègre de Chicago.

relative prospérité économique. Si les campagnes n'ont guère changé, la capitale vibre sous le signe de la modernité : le surréalisme porté par André Breton, les peintres de Montparnasse – Pablo Picasso, Marc Chagall, Amedeo Modigliani – et les femmes qui montrent leurs genoux. Pour l'élite fortunée, les artistes bohême et la jeune « génération perdue » d'Américains incarnée par F. Scott Fitzgerald et Ernest Hemingway, Paris est une fête.

L'appétit de vivre et l'envie de s'amuser font de cette ville le centre des plaisirs, où le goût de l'excentricité se conjugue avec celui de la nouveauté. En 1925, on court au théâtre des Champs-Élysées pour assister à la Revue nègre, menée par la jeune Joséphine Baker, vêtue d'une simple ceinture de bananes. Le scandale engendré sera à la mesure de l'engouement qu'elle crée pour le rythme trépidant sur lequel elle se déhanche avec énergie. On découvre le jazz venu d'Amérique, et de nouvelles danses : charleston, fox-trot, rumba… « Ça, c'est Paris ! » s'exclame Mistinguett, qui triomphe au Moulin-Rouge en 1928 : « Paris c'est une blonde / qui plaît à tout le monde » Le music-hall a remplacé le traditionnel café-concert. Dancings et revues attirent les Parisiens aisés, tandis qu'ouvriers et employés dansent la java au son de l'accordéon dans les bals musettes.

Les gouvernements se succèdent aussi vite que les danseurs sur la piste. La valse des cabinets ministériels fait la une des journaux français.

Joséphine Baker et son costume de bananes.

Et d'autres inquiétudes pointent. Le 15 octobre 1929, un journaliste du *Temps* interroge Paul Raynaud, alors ministre des Finances : « Certains estiment que l'ascension continue des cours à Wall Street ne pourra point longtemps se continuer. Pensez-vous qu'une crise brutale, un jour prochain, éclatera ? » Celui-ci tempère : « Il ne pourra s'agir d'une crise violente. » Moins de dix jours plus tard, la Bourse de New York s'effondre. La bulle spéculative explose : c'est la panique à Wall Street. Les brokers, vêtements déchirés et faux-cols arrachés, sont hagards, les actionnaires s'affolent et prennent d'assaut la Bourse, protégée par la police. Des spéculateurs ruinés se seraient suicidés. Ainsi s'annonce la grande dépression.

La famille pose avant les noces.

Des roses et des choux

Loin du krach boursier, de l'autre côté de l'Atlantique, d'autres se réjouissent : ils attendent un heureux événement. Mes parents se sont mariés à 24 ans, l'année précédente. Ma mère, Louise, ne travaille pas, comme alors deux tiers des femmes, tandis que mon père, Émile, est entré comme simple grouillot chez Mazda, le fabricant de piles électriques. En attendant de gravir les échelons, il distribue le courrier et porte les dossiers d'un service à l'autre – en se grouillant, comme le suggère l'intitulé du poste.

Au même moment, ma tante, qui vit à Bordeaux, attend ma cousine Suzanne – elle a déjà deux garçons. Son mari a d'abord travaillé aux Chargeurs réunis, des entrepôts qui réceptionnent des produits importés des colonies, avant de reprendre une affaire d'importation de sardines.

L'hôpital n'est pas encore un passage obligé de la maternité : il se dit que seules les femmes indigentes et les filles mères y accouchent. Assistées par des sages-femmes, la plupart des parturientes donnent donc naissance à leurs enfants au domicile familial. Grâce aux progrès de la médecine et à l'évolution constante de l'hygiène, la mortalité en couches est faible et la mortalité infantile a beaucoup diminué au cours des vingt dernières années.

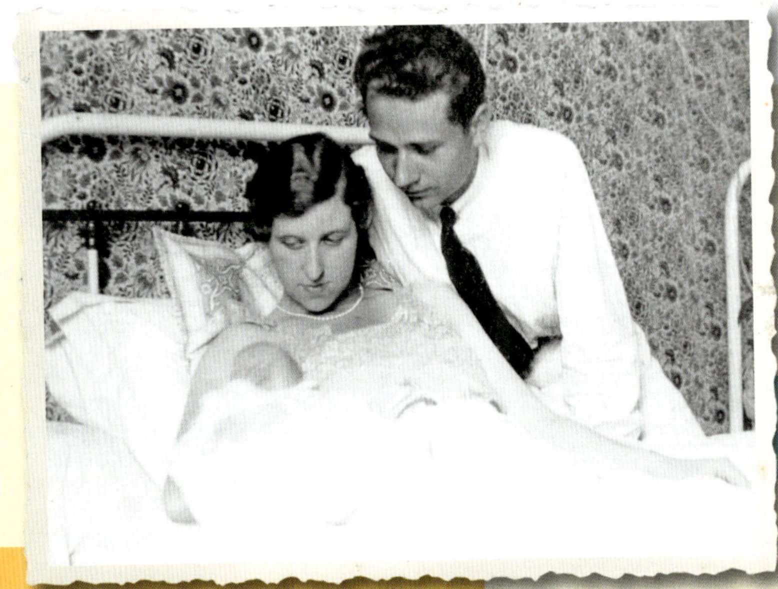

Naissance dans l'appartement familial.

Mais la médecine reste encore démunie face aux maladies contagieuses comme la rougeole, la coqueluche et autres affections respiratoires qui emportent les petits.

Ces parents ont hésité entre plusieurs prénoms en vogue : Paulette, Jacqueline, Jeannine, Yvette ou Simone pour une fille ; Jacques, Robert, Claude ou Michel pour un garçon. Mais un accident dramatique survenu à quelques semaines de la naissance en a décidé autrement : le bébé portera le prénom de la petite cousine Solange, qui s'est noyée à l'âge de 12 ans.

La jeune mère reste alitée une semaine et se remet de ses couches chez sa belle-mère, qui lui prépare de bons repas roboratifs. C'est important pour la qualité du lait : le bébé est d'abord nourri au sein, avant de l'être au biberon. À côté de sa mère, il dort dans un petit lit fabriqué par le grand-père. Le trousseau a été confectionné par les femmes de la famille, qui ont tricoté de

Grand-mère portant fièrement le bébé, vêtu de sa belle robe de baptême.

Promenade au parc,
bien calé dans le landau.

la layette et cousu des petites chemises. Pour notre baptême, nous voilà vêtus d'une jolie robe cousue de dentelle, entourés par la proche famille endimanchée : tous prennent la pose pendant que papa règle son appareil photographique à soufflet.

La Croisière Jaune

Le 4 avril 1931, la Croisière Jaune, une expédition organisée par André Citroën et Georges-Marie Haardt, démarre depuis Beyrouth, au Liban. Forte du succès remporté par la Croisière Noire, menée en Afrique en 1925, l'équipe s'apprête à renouveler son exploit en traversant l'Asie à bord de véhicules tout terrain, équipés de chenilles en caoutchouc fabriquées dans les usines Citroën. Le constructeur entend ainsi démontrer la supériorité technique de ses véhicules dans des conditions difficiles. L'expédition, qui constitue une formidable publicité pour Citroën, se double d'une visée ethnographique, en embarquant à son bord un archéologue, un naturaliste, un historien, le conservateur du musée Guimet, un photographe…
Elle sera en outre filmée par la Compagnie des actualités cinématographiques Pathé.

L'expédition est rude : hommes et véhicules pâtissent de la chaleur sur les hauteurs afghanes et subissent un froid terrible sur le plateau de Mongolie. Ils traversent l'Himalaya via des cols s'élevant à plus de 4 200 mètres d'altitude, en démontant entièrement les autochenilles, transportées avec dix tonnes de matériel à dos de mule et par des sherpas.
Franchissant les rivières, empruntant des routes rendues impraticables par les glissements de terrain, ils seront même faits prisonniers par un seigneur de guerre. Le 12 février 1932, presque un an après leur départ, ils atteignent enfin Pékin. Le vœu d'André Citroën, qui souhaitait montrer que l'automobile pouvait « abolir les frontières géographiques, culturelles et politiques dans le monde », est exaucé.

Lola-Lola, l'ange bleu.

La voix de son maître

Du côté des loisirs, la technique apporte de folles nouveautés. Les spectateurs français découvrent le premier film parlant en 1929. L'Allemagne suit en 1930, avec *L'Ange bleu* de Josef von Sternberg. Le film rencontre un immense succès. Le rôle principal est tenu par une jeune inconnue, Marlène Dietrich. Son interprétation de Lola-Lola, vénéneuse chanteuse de cabaret, la propulse directement vers les studios de Hollywood.

Pour écouter leurs airs préférés dans leur salon, les grands-parents ont fait l'acquisition d'un Gramophone de la marque La Voix de son maître. Les enfants adorent l'air de *La Cucaracha* et tournent la manivelle avec entrain pour faire tourner le 78 tours. Faute de quoi le rythme ralentit, tandis que la voix baisse de deux octaves ! Pour les amateurs de musique classique, sachant que la durée d'un enregistrement ne dépasse pas cinq minutes, inutile d'espérer écouter le moindre concerto…

Lucienne Boyer reçoit en 1930 le Grand prix du disque pour *Parlez-moi d'amour*, tandis que Joséphine Baker berce les Français avec sa déclaration : « J'ai deux amours / mon pays et Paris… » Mais la vie est dure et les refrains tristes. Berthe Sylva chante la complainte de la pauvre fille – « À Montparnasse, j'exerce mon industrie / Je suis modèle, faut bien gagner sa vie » – et s'étourdit en fumant du tabac gris, « Pas l'anglaise, ni le bout doré / ces tabacs-là c'est du chiqué ». Elle réclame du gris, qui « vous laisse un goût / presque louche / de sang, d'amour et de dégoût / dans la bouche ». À l'origine de toute cette misère ? « La rue, le métier, le trottoir », mais surtout « les femmes avec leur amour » et « le cœur qui se laisse séduire »... Fréhel, abandonnée par celui qu'elle aime de toute son âme, tente elle aussi d'oublier ses amours tristes dans l'alcool et la « coco » qui troublent son cerveau.

Al Capone, l'élégance version mafia.

Alfonso Caponi, dit « Al Capone », dit « Scarface »

En 1930, Al Capone, âgé de 31 ans, est l'homme le plus puissant de Chicago : chaque semaine, ses activités illicites – contrebande d'alcool, racket et proxénétisme – lui rapportent environ 6 millions de dollars, tandis que partout dans le pays, frappé de plein fouet par la crise économique, des entreprises font faillite. Le nombre de chômeurs a explosé, la misère aussi. Pour redorer son blason, Capone sert une soupe populaire pendant les mois d'hiver, offrant ainsi à manger à plus de 5 000 personnes le jour de Thanksgiving.
Fils de Napolitains, le jeune Alfonso Caponi a grandi dans le quartier de Brooklyn à New York. Surnommé « Scarface », le balafré, après s'être fait entailler la joue au rasoir lors d'une bagarre, il se met à 18 ans au service d'un patron de la pègre, et gravit rapidement les échelons. Le pays est alors au plus fort de la prohibition : la vente et la consommation d'alcool sont interdites dans tout le pays. Les activités de la mafia deviennent florissantes et à 25 ans, Al Capone contrôle plus de trois cents bars clandestins vêtu de costumes à 5 000 dollars.
Régnant sur Chicago grâce à un système organisé de corruption, il verse 30 millions de dollars annuels de pots-de-vin à la police. Déterminé à le faire tomber, un agent du Trésor américain, Eliot Ness, s'entoure d'une équipe d'incorruptibles et s'engage dans une guerre sans merci. En 1931, c'est pour fraude fiscale qu'Al Capone sera condamné à onze ans de prison et incarcéré à Alcatraz.

Publicité Cadum sur un mur de la ville.

Bébés Cadum

Pour les jeunes ménages parisiens, la vie quotidienne n'est pas toujours facile. Les appartements sont souvent exigus. Pour tout confort moderne, ils disposent de l'éclairage électrique. Faute de salle de bains, on se débrouille pour se laver dans l'évier de la cuisine. Quant aux WC, ils sont communs, situés sur le palier. L'appartement n'est pas chauffé, et l'hiver 1929 s'avère particulièrement rigoureux.

Du côté de Bordeaux, les conditions de vie sont meilleures : la famille agrandie part s'installer dans la maison du grand-père, une belle demeure ancienne avec un perron et un jardin à l'arrière, plein d'arbres fruitiers. La maison est équipée d'une salle de bains et du chauffage central. Pierre, le père, se charge de la corvée de charbon : matin et soir, il faut garnir la chaudière d'anthracite.

En promenant bébé dans son landau bien large, la jeune maman découvre sur les murs de la ville des affiches publicitaires vantant les mérites du savon Cadum. Les mères disposent désormais de produits adaptés aux petits enfants : grâce à la blédine Jacquemaire, leur bébé sera robuste et en bonne santé. Les marques lancent des concours visant à élire le plus beau bébé : le lauréat sera « rondelet, gracieux, et d'un joli teint rosé ».

On nous habille avec des vêtements plus simples et plus confortables qu'auparavant, comme la barboteuse, qui préserve notre liberté de mouvement. Tandis que jusque-là, la layette était le plus souvent de couleur blanche, plus pratique parce qu'on pouvait la faire bouillir, les couleurs rose et bleue tendent à s'imposer, devenant un moyen de différencier les sexes. Même s'il n'est pas rare que les petits garçons portent encore une robe dans leurs toutes premières années, on les préfère désormais en costume de matelot.

Vol de nuit

Pour la compagnie française Aéropostale, des pilotes ouvrent de nouvelles lignes et relèvent tous les défis, triomphant des déserts, des océans et, plus périlleux encore, des montagnes. En 1929, Jean Mermoz tente de relier Buenos Aires à Santiago avec un avion qui plafonne à 5 200 mètres, alors que les crêtes de la cordillère des Andes s'élèvent à 7 000 mètres.
Antoine de Saint-Exupéry raconta par la suite comment, échoués sur un plateau aux parois verticales, Mermoz et son mécanicien jouèrent leur dernière carte : « Ils lancèrent l'avion vers le vide, rebondirent durement sur le sol inégal, jusqu'au précipice, où ils coulèrent. L'avion, dans la chute, prit enfin assez de vitesse pour obéir de nouveau aux commandes. Mermoz le redressa face à une crête, toucha la crête et, l'eau fusant de toutes les tubulures crevées dans la nuit par le gel, déjà en panne après sept minutes de vol, découvrit la plaine chilienne, sous lui, comme une terre promise ».

Jean Mermoz devant son appareil.

Dans les Andes encore, en 1930, Henri Guillaumet sera victime d'un accident dramatique. À 3 000 mètres d'altitude, vêtu de son seul blouson d'aviateur, il marche plus de cinq jours dans la neige avant de rejoindre des terres habitées : « Ce que j'ai fait, je te le jure, aucune bête ne l'aurait fait », confie-t-il à son ami Saint-Exupéry. L'aventure héroïque de l'Aéropostale et le courage de ces pionniers inspireront à l'auteur le roman Vol de nuit, *qui paraît en 1931. Il lui vaudra une célébrité immédiate.*

L'apprentissage de la propreté, et la fin des couches à laver...

Premier bains du bébé.

Dans ma toute petite auto

Aussi spectaculaire qu'il ait pu être, le krach de Wall Street n'avait pas fait trembler les Français : il leur semblait loin et touchait avant tout les spéculateurs. Mais ses répercussions, telle une lame de fond, allaient balayer l'économie américaine avant de traverser l'Atlantique. Aux États-Unis, en 1931, la récession est terrible : plus de 2 000 banques ont fait faillite, la production industrielle a chuté de moitié, et le chômage explose de façon dramatique. Les ouvriers sont licenciés, les locataires expulsés, les paysans, endettés, réduits à la misère. La France sera à son tour touchée par la crise économique mondiale, de même que l'Allemagne, qui se déclarera incapable de payer les réparations de guerre.

Mais, pour le moment, la situation est encore loin d'être dramatique. Avec ses premiers émoluments, mon père s'offre une Rosengart, une petite voiture économique qui peut accueillir deux personnes et leurs bagages. Sur la banquette arrière, on trouve assez de place pour faire tenir une petite fille assise entre deux valises ! Ce sera parfait pour rendre visite aux grands-parents maternels, qui

Premier portrait officiel chez le photographe.

Les frères aînés en culottes courtes, sages comme des images.

habitent en Seine-et-Marne. Du côté de Bordeaux, « la semaine anglaise » a été adoptée : chaque vendredi, les cousins partent respirer le bon air du côté d'Arcachon, où leurs parents ont acheté une petite cabane de pêcheur située au bord de l'eau. Les garçons peuvent y courir et faire du vélo en toute liberté.

À Paris se prépare le grand événement de l'année, qu'on s'apprête à visiter en famille : l'Exposition coloniale internationale, destinée à célébrer « l'œuvre civilisatrice de la IIIe République ». Pour l'occasion, la ligne 8 du métro s'est vue prolongée jusqu'à la porte de Vincennes.

Sur 110 hectares, tout est conçu de manière à rendre l'illusion d'un voyage dans le monde colonial : reproduction à l'échelle réelle du temple d'Angkor Vat (Cambodge), réplique de la grande mosquée de Djenné (dans l'actuel Mali) et villages reconstitués. Des milliers de figurants « indigènes » – danseuses annamites, artisans africains, cavaliers arabes –, des pirogues, des sampans et diverses spécialités exotiques attendent les visiteurs. On a même fait venir des animaux de ces contrées lointaines : des girafes, des autruches, des éléphants, des lions… Le parc zoologique sera tellement apprécié que cette faune s'installera définitivement dans le bois de Vincennes !

Certains crient à la mascarade, mais leurs protestations se perdent dans le bruit de la fête. Le succès remporté est immense : l'exposition accueillera 4 millions de Parisiens, 3 millions de provinciaux et 1 million de visiteurs étrangers.

1932-1934

Qui a peur du **grand méchant loup ?**

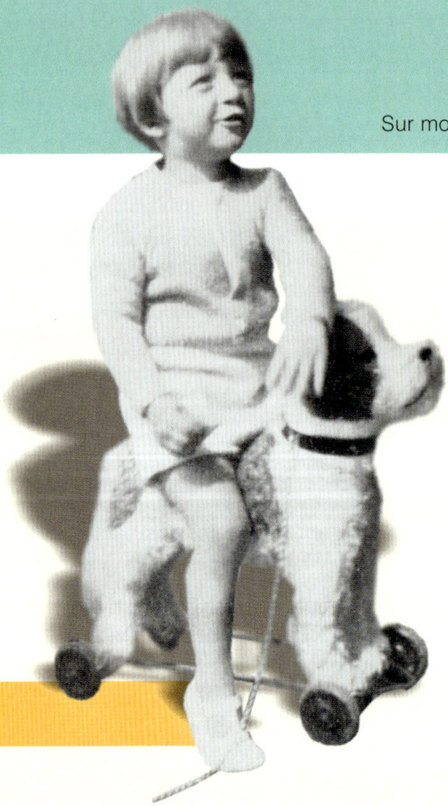

Sur mon chien à roulettes.

Dans les jupes de Maman

Jusqu'à l'âge de 6 ans, les enfants restent à la maison et sont le plus souvent gardés par leur mère, qui ne travaille pas. Les autres doivent se débrouiller avec leurs enfants « dans les pattes ».

Assise par terre au fond du petit magasin de pièces détachées de radio que tient Maman, je m'amuse ainsi à trier les minuscules pièces. À 5 ans, je connais le nom de chacune d'elles ! L'après-midi, je retrouve Yvette, la fille

Chronologie

1er mars 1932
Le bébé du célèbre pilote Charles Lindbergh est kidnappé à son domicile. Le versement d'une rançon s'avèrera vain : l'enfant est retrouvé mort deux mois plus tard.

7 mai 1932
Le président de la République française, Paul Doumer, est assassiné par un médecin russe.

7 juillet 1932
Au Portugal, Antonio de Oliveira Salazar, nommé Premier ministre, instaure une dictature d'extrême droite qui se maintiendra durant quarante ans.

8 novembre 1932
Le candidat démocrate Franklin Delano Roosevelt est élu président des États-Unis. Son programme, le New Deal, a pour fin de combattre la grande dépression économique.

30 janvier 1933
Le président du Reich allemand, le maréchal Paul von Hindenburg, nomme Adolf Hitler chancelier.

2 février 1933
Les sœurs Christine et Léa Papin, employées comme domestiques au Mans, assassinent sauvagement leur patronne et sa fille.

2 mars 1933
Sortie à New York du film fantastique *King Kong*, qui remporte un succès planétaire.

1er avril 1933
En Allemagne, boycott, organisé par les Sections d'assaut, des commerces, cabinets d'avocats et médecins juifs.

5 décembre 1933
Aux États-Unis, fin de la prohibition, qui interdisait la vente d'alcool y compris dans les restaurants et les bars.

6 février 1934
Place de la Concorde à Paris, une grande manifestation antiparlementaire, organisée par les ligues d'extrême droite, s'achève par des affrontements sanglants avec la police.

15 octobre 1934
En Chine, début de la Longue marche, emmenée par Mao Zedong, qui s'impose comme le leader des troupes communistes.

Mon amour de torpédo !

des voisins, qui tiennent un hôtel. Nous jouons sur le trottoir devant la boutique, à la marelle, à chat ou avec un cerceau – quand ce n'est pas avec la voiture à pédales que j'ai reçue pour mon anniversaire, au volant de laquelle je ne suis pas peu fière.

Parfois, nous passons la journée avec ma grand-mère. Mon activité préférée consiste alors à défaire son chignon, pour coiffer des heures durant ses longs cheveux. Quand elle en a assez, nous feuilletons ensemble les albums illustrés du canard Gédéon : *Gédéon chef de brigands, Gédéon traverse l'Atlantique* ou *Gédéon se marie*... Nous adorons aussi *L'Histoire de Babar, le petit éléphant*, qui se réfugie dans une ville parce qu'un

Mieux qu'un baigneur : un petit frère.

chasseur vient de tuer sa maman. Recueilli par une vieille dame, l'éléphanteau est élevé comme un homme avant de revenir triomphalement dans sa jungle natale dont il deviendra le roi. Il ne quittera plus son costume vert, ses souliers recouverts de guêtres et sa couronne.

Les aînés apprennent aussi aux plus jeunes à tricoter : les petites filles passent de longues après-midi à fabriquer des petits vêtements pour leur poupée préférée. Difficile pourtant de départager le vainqueur, entre la poupée de son, souple et douce, qu'on ne quitte jamais, et le joli baigneur potelé en celluloïd, aux yeux peints et aux cheveux moulés, qui a l'avantage de se tenir debout ou assis bien droit…

Quant aux grands frères, ils se passionnent pour leur collection de soldats de plomb et leur train électrique. Le cousin Jacques a même reçu, pour ses 8 ans, une boîte à outils de menuisier. Mais, faute de bois à scier, c'est sur les barreaux des chaises de la salle à manger qu'il s'est entraîné…

Pater familias

Le grand-père, pourtant gentil, a un air sévère qui impressionne les enfants. On ne se risque pas à le déranger pour un rien. Il travaille à la grande usine Nobel, où sont fabriqués des jouets en celluloïd. J'ai même l'honneur d'avoir servi de modèle, d'après photo, à la poupée Claudine ! L'usine se trouve juste derrière la maison, et quand le sifflet de midi retentit, nous voyons

À la communion de la cousine aînée.

grand-père rentrer pour déjeuner, et repartir aussitôt que l'usine a sifflé la fin de la pause. C'est à lui que revient l'honneur de couper religieusement le gros pain de quatre livres.

Nous voyons souvent nos oncles et tantes : la famille aime se retrouver pour passer des dimanches en famille, des déjeuners, le jeudi, avec les tantes et les jeunes cousins, sans parler de la veillée de Noël. Tante Jeanne a déjà deux enfants, mais oncle Jean s'est juré de ne jamais en avoir après avoir vécu les atrocités de 1914-1918. Oncle Alexandre, comme Maman, est un excellent pianiste : c'est soir de fête quand, après le dîner en grande tablée, ils se mettent au piano et jouent à quatre mains. Leurs sœurs aînées les rejoignent pour chanter, et le dernier les accompagne au tambour : rien ne plaît davantage aux enfants ! Si Papa tolère avec bienveillance ce joyeux raffut, sa patience a des limites : ses enfants n'apprendront pas à jouer du piano. Hors de question de supporter des heures de gammes maladroites.

Il ne faut pas se fier aux enfants qui ont l'air sages comme des images. Eux aussi ont des idées fantaisistes, comme celle de mon cousin Jacques de mettre le feu à une fourmilière installée au pied d'un arbre. Une fois leur mère partie au marché, sous les ordres de l'aîné, le cadet est chargé de trouver l'essence dans la remise, et la benjamine de subtiliser des allumettes

Les skis aux pieds, dans la forêt de Fontainebleau !

dans la cuisine, à la barbe de l'employée de maison : bien arrosé d'essence, l'arbre ne tarde pas à prendre feu et à s'embraser. Quand ma tante rentre du marché, elle retrouve ses trois enfants penauds devant l'arbre calciné.

Au dîner, pour toute punition, les cousins affrontent la mine réprobatrice de leur père et mangent dans un silence pesant. Cela suffit à leur faire mesurer l'importance de la bêtise. La mère n'élève jamais la voix, mais le père fait régner l'autorité en maître, sans gifles ni fessées : il n'est tout simplement pas imaginable de contester ses ordres.

Moi, faire des bêtises ? Jamais !

Violette Nozière pendant son procès.

Violette Nozière

En octobre 1934 s'ouvre, devant la cour d'assises de Paris, le procès de Violette Nozière, 19 ans, accusée de parricide. Après avoir administré des somnifères à ses parents, elle a ouvert le gaz dans leur appartement pour faire croire à une tentative de suicide. Sa mère est ranimée, mais son père meurt. Alors que la presse se passionne pour l'affaire, qui fait la une des quotidiens, l'opinion publique se divise et s'enflamme : certains y voient l'incarnation d'une jeunesse vénale et dévoyée, d'autres une simple enfant perdue, victime de la société et de sa propre famille.
Née en 1915 dans un milieu modeste, Violette Nozière a grandi dans un petit deux pièces parisien. Son entrée au lycée Fénelon lui offre l'occasion de changer de vie, d'avoir des amants et de s'inventer des parents nobles. À 17 ans, elle est atteinte de la syphilis : elle accuse ses parents de lui avoir transmis une maladie héréditaire et tente de les empoisonner une première fois. Elle tombe ensuite amoureuse d'un petit voyou, qu'elle entretient en volant ses parents et en se prostituant occasionnellement.
Dans le cabinet du juge, Violette Nozière explique son geste par un mobile très différent, en accusant son père d'inceste : il aurait abusé d'elle depuis ses 12 ans. Elle aurait voulu tuer sa mère pour lui épargner la honte et les remords.
Sa mère finira par lui pardonner et implorera même le jury : « Pitié, pitié pour mon enfant ! » Violette Nozière est condamnée à la peine de mort, commuée par la grâce du président de la République en travaux forcés à perpétuité.

Petits métiers parisiens.

Sombres horizons

Tandis que nous grandissons, joyeux et en bonne santé, l'horizon ne cesse de s'assombrir. Aux États-Unis, la situation économique reste catastrophique et le pays compte 14 millions de chômeurs. En pleine dépression, Walt Disney réalise son premier dessin animé en couleurs, *Les Trois Petits Cochons* (1933). Leur chanson joyeuse, « Qui a peur du grand méchant loup ? / C'est pas nous ! C'est pas nous ! », est très appréciée – sans doute les Américains y trouvèrent-ils assez d'humour pour en faire l'hymne de ces temps difficiles.

L'Europe plonge à son tour dans un profond marasme : l'Allemagne compte désormais 6 millions de chômeurs. Pour faire face à cette crise majeure, le maréchal Hindenburg, président du Reich, nomme Adolf Hitler chancelier.

En France, l'agriculture souffre de surproduction, les exportations industrielles diminuent, et le franc traverse une grave crise. En janvier 1934 éclate

Cousins complices.

l'affaire Stavisky : ce scandale politico-financier révèle au grand jour les protections politiques dont bénéficiait l'escroc retrouvé mort – suicidé, ou plus vraisemblablement exécuté. Les parents suivent l'affaire dans la presse et écoutent le journal parlé de la TSF : chaque jour apporte son lot de révélations, et la liste des personnalités compromises s'allonge. Le gouvernement démissionne tandis que la colère de l'opinion publique gronde contre le régime parlementaire « pourri ».

Mais pour nous, les seuls nuages effrayants sont encore ceux qui annoncent l'orage, après une chaude journée d'été… Pendant les vacances, à la campagne, les filles accompagnent Mémère au lavoir. Agenouillées sur le bord incliné du bassin, nous jouons plus que nous n'aidons en frottant le linge avec une brosse et du savon. Une fois mouillé et lavé, le linge est replacé dans la lessiveuse, elle-même chargée dans la brouette. Ne reste plus qu'à l'étendre sur le fil à linge.

Pour le goûter, nous avons droit à du pain avec du fromage, ou parfois du chocolat. Les friandises sont généralement réservées aux jours de fête. Le boulanger comme le boucher passent avec leurs camionnettes pour ravitailler les maisons autour du village. Celui dont il ne faut pas rater le passage, c'est le charcutier, qui n'oublie jamais de nous donner une tranche de saucisson !

Dans la grande maison, nous partageons une chambre entre cousines. Le confort moderne n'est pas encore arrivé dans les campagnes : une cabane au fond du jardin fait office de toilettes. Et quand vient l'hiver, avant d'aller se coucher, grand-mère bassine le lit avec des briques chaudes, enveloppées dans un torchon.

Bonnie Parker & Clyde Barrow

Une jolie petite serveuse blonde qui rêve d'aventures croise le chemin d'un mauvais garçon à l'air effronté : quatre ans plus tard, le 23 mai 1934, le couple entre dans la légende, le corps criblé de balles, en photo à la une des journaux.
Bonnie aime les bad boys *: celui qu'elle a épousé à 16 ans s'est retrouvé en prison pour meurtre. Clyde Barrow est joueur, ne travaille pas beaucoup et vit de menus larcins qu'il commet avec son frère.*

Bonnie et Clyde, les amants terribles.

Bonnie et Clyde se sont trouvés : elle a 19 ans, lui 20, et ils ne se quitteront plus. Avec Buck, sa femme Blanche et un cinquième complice, le gang Barrow va bientôt semer la terreur dans plusieurs États du Sud-Ouest américain, enchaînant les braquages dans des stations-service, des commerces et des banques. Au cours de leurs exactions, la situation tourne mal à plusieurs reprises : 12 personnes au total seront tuées, le plus souvent des policiers. Clyde tente parfois de rentrer dans le rang, mais rien ne peut arrêter l'engrenage fatal : le couple est traqué sans répit. La police aux trousses, Bonnie blessée par balles, ils changent de repaire, braquent encore d'autres banques, et poursuivent leur fuite désespérée. Une ultime embuscade de la police leur sera fatale.
Pendant leur folle cavale, Bonnie écrit deux poèmes qu'elle adresse aux journaux. L'un deux s'intitule The Story of Bonnie and Clyde, *et commence par ces mots : « You've read the story of Jesse James / Of how he lived and died ; / If you're still in need / Of something to read / Here's the story of Bonnie and Clyde »… Ce qui, peu ou prou, pourrait se traduire ainsi : « Vous avez lu l'histoire de Jesse James / Comment il vécut, comment il est mort / Ça vous a plu, hein, vous en demandez encore / Eh bien écoutez l'histoire de Bonnie and Clyde »…*

Bonne mère et bonne ménagère

La tenue du ménage, comme les soins et l'éducation des enfants, font partie des devoirs de l'épouse et occupent la plus grande partie de sa journée. Celles qui sont aidées par une domestique n'en doivent pas moins, en tant que maîtresses de maison consciencieuses, superviser les divers travaux.

Tout est bon dans le cochon !

La presse féminine prodigue de judicieux conseils pour alléger les tâches domestiques : renoncer aux casseroles en cuivre pour ne pas avoir à les astiquer, réduire le repas à trois plats, sans hors d'œuvre ni entremets, voire recourir aux conserves. Les Parisiennes n'hésitent d'ailleurs pas à acheter des plats tout préparés chez le traiteur, ce qui est bien commode quand on ne dispose que d'un petit fourneau.

La bonne ménagère s'approvisionne au marché et chez les petits commerçants, même si à Paris s'est ouvert en 1931 le premier Prisunic, ancêtre des supermarchés. La société de consommation pointe son nez : le premier fromage industriel, la Vache qui rit, est commercialisé, et les affichistes rivalisent de talent pour vanter les mérites de différentes marques : Bouillon Kub, apéritif Saint Raphaël, ou le fameux « Dubo, Dubon, Dubonnet ».

Les enfants sont à la mode des bains de mer : pulls à rayures, maillots, tons bleu marine et blanc sont portés indifféremment par les deux sexes. Pour

Dans le studio du photographe.

les grandes occasions, nous enfilons le costume ou la robe du dimanche, parfois avec des gants et un chapeau. Inutile, ainsi habillés en gravures de mode, d'espérer jouer.

En revanche, la tenue est idéale pour poser devant l'objectif. Même si de nombreuses familles possèdent désormais un appareil photo, on préfère souvent accorder sa confiance aux photographes professionnels, qui œuvrent dans un studio. Rien ne pourrait faire renoncer Maman à ce rendez-vous annuel, à l'occasion duquel elle emmène sa progéniture, bien peignée et raide comme des piquets, se faire tirer le portrait.

Une java endiablée rue de Lappe à Paris.

Au bal musette

En 1932, la rue de Lappe, dans le quartier de la Bastille à Paris, compte à elle seule 17 bals musette. Fief des Auvergnats de la capitale, la petite rue étroite est au cœur d'une vie nocturne effrénée, mêlant en une faune interlope prostituées, souteneurs, petits malfrats, midinettes et « rupins » venus s'encanailler avec leurs dames. Dans ce quartier louche, on trouve des maisons de passe, des cafés-bougnats, des commerces de machines-outils et des épiceries-buvettes, comme Chez la Marie et Chez le Léon. Et surtout, des bals : le bal Vernet, sordide et minable, le Petit balcon, le fameux Bousca, La Boule rouge…

L'entrée du bal est gratuite. On paie 25 centimes par danse, avec des jetons qui portent au recto le nom du bal et au verso l'inscription « Bon pour une danse ». Au milieu du morceau, le patron s'avance sur la piste, main tendue et sacoche ouverte, en criant au public : « Passez la monnaie ! » *Les danseurs patientent jusqu'à la fin de la quête. Quand le patron lance à l'orchestre l'ordre tant attendu,* « Allez, roulez ! », *les couples enlacés repartent de plus belle au son de l'accordéon, pour une java, une valse à l'envers ou un tango musette. Comme le chante Fréhel, « Dans la rue de Lappe quand vient la nuit », c'est « la valse des frappes » qui « serrent dans leurs bras / jusqu'au petit jour / des belles gosses d'amour… »*

Pour aller voir les courses à Longchamp, les Parisiennes sont sur leur trente et un.

Marianne en danger

Au cinéma, *Boudu sauvé des eaux*, avec Michel Simon, ou *Marius*, incarné par Raimu, et plus encore *Fanny*, d'après Marcel Pagnol, conquièrent un public important. Le destin dramatique de cette fille mère marseillaise intéresse davantage que les amours impossibles d'un gorille et d'une starlette blonde. *King Kong* ne convainc guère les Français : « Un conte puéril, à l'échelle de la mentalité américaine », déclare un critique peu impressionné par les trucages innovants dont le film est truffé. Du fond de la jungle retentit également le cri de *Tarzan, l'homme singe*, incarné par le champion olympique Johnny Weissmuller. Entre la jungle primitive et le monde civilisé, le plus sauvage n'est peut-être pas celui que l'on croit.

À la suite de l'affaire Stavisky, la droite française entame une virulente campagne antiparlementaire. Les ligues d'extrême droite – Jeunesse patriote, Action française, Camelots du roi et Croix de feu – appellent tous les mécontents à se rassembler le 6 février 1934, sur la place de la Concorde à Paris. Devant la violence des manifestations qui tournent à l'émeute, et redoutant que le Palais-Bourbon ne soit pris d'assaut, les gardes mobiles tirent. On dénombre une quinzaine de morts et plus de 1 500 blessés.

La presse dénonce un gouvernement assassin et, une semaine après avoir été nommé président du Conseil, Édouard Daladier démissionne. La gauche voit dans l'émeute du 6 février une tentative de coup d'État, et manifeste à son tour le 9 février. Les heurts avec la police font plusieurs morts parmi les manifestants. Trois jours plus tard, le mot d'ordre de grève générale est lancé, pour la défense de la République et contre le fascisme.

1935-1939

Roulements de tambour

Encore l'âge de jouer à la poupée…

Encriers et blouses noires

En 1935, nous fêtons nos 6 ans. Nous nous apprêtons à quitter les jeux de la petite enfance pour franchir une étape capitale : l'entrée à l'école. À Bordeaux, ma cousine Suzanne est inscrite dans un petit établissement privé pour filles, le cours Maintenon.

Chronologie

29 mai 1935
Voyage inaugural du *Normandie*, le paquebot le plus grand et le plus rapide au monde, qui relie Le Havre à New York.

15 septembre 1935
Hitler promulgue les premières lois antisémites, qui privent les Juifs de la nationalité allemande et leur interdisent d'épouser des « Aryens ».

10 décembre 1935
Irène Joliot-Curie et son mari obtiennent le prix Nobel de chimie pour leurs découvertes sur la radioactivité. Sa mère, Marie Curie, avait été la première femme à recevoir ce prix.

4 juin 1936
La victoire du Front populaire aux élections législatives porte Léon Blum au pouvoir. Ce premier gouvernement socialiste instaure la semaine de travail de 40 heures et quinze jours de congés payés.

9 août 1936
Le jeune athlète afro-américain Jesse Owens remporte quatre médailles d'or aux jeux Olympiques de Berlin.

6 mai 1937
Le zeppelin allemand *Hindenburg* prend feu à l'approche de New York, faisant 35 victimes.

30 septembre 1938
Édouard Daladier et Arthur Neville Chamberlain, respectivement Premier ministre français et britannique, acceptent l'annexion des Sudètes par l'Allemagne en signant avec Adolf Hitler et Benito Mussolini le traité de Munich.

1er avril 1939
La guerre civile qui a déchiré l'Espagne pendant trois ans s'achève par la victoire des nationalistes. Le général Franco instaure une dictature qui se maintiendra trente-sept ans durant.

3 septembre 1939
Suite à l'invasion de la Pologne par les troupes allemandes le 1er septembre, Londres et Paris déclarent la guerre à l'Allemagne.

La classe de cours élémentaire ne compte que douze élèves, et elle a la chance d'avoir pour institutrice la jeune et douce mademoiselle Marie-Madeleine. Ses grands frères fréquentent une autre école, juste à côté. La rentrée a lieu le 1er octobre : ils se rendent ensemble à l'école, à pied, cartable au dos, et elle n'est pas peu fière de marcher entre eux deux.

À Paris, l'école communale de filles compte cinquante élèves par classe. Maman a cousu un tablier noir que je porte tous les jours. Nous commençons la journée en copiant sur nos cahiers une phrase de morale écrite au tableau : « Il faut obéir à sa maman », « Donnez du pain aux pauvres » ou « La petite fille polie salue tout le monde ; elle est aimable. » Apprendre à tracer les lettres à la plume n'est pas une mince affaire : nous nous entraînons en faisant des lignes d'écriture. Il faut tremper la plume dans l'encrier sans faire de taches sur le cahier – inutile de dire que le buvard fait partie du matériel indispensable. Nous recevons des bons points quand le travail est bien fait, dix bons points donnant droit à une image. Notre manuel d'histoire retrace celle de la France, et nous en apprenons par cœur la première phrase : « Il y a environ 2 000 ans, notre pays s'appelait la Gaule et ses habitants les Gaulois »... L'institutrice est assise à son bureau, sur l'estrade : pas un bruit ne s'échappe des rangées de pupitres. Nous apprenons à conjuguer « Écouter le maître » au présent de l'indicatif. Bientôt arrivent les premières

dictées : « J'aime mon père, ma mère, mon grand-père et ma grand-mère. » Politesse, obéissance et instruction sont les piliers de l'école d'alors.

La récréation sonne l'heure de la libération : sous le préau, les petites filles s'amusent avec des cerceaux de bois et des toupies, ou jouent à chat. À midi, Maman vient me chercher pour déjeuner à la maison. En chemin, nous fredonnons ensemble le refrain de la tragique histoire du « gosse de Paris », qui « pour famille [...] n'avait qu'sa mère / Une pauvre fille aux grands yeux rougis / Par les chagrins et la misère » : « C'est aujourd'hui dimanche, tiens ma jolie maman / Voici des roses blanches, toi qui les aimes tant ! »

Jour de première communion pour les frères aînés.

Gabin, titi parisien et héros tragique.

Jean Gabin, une gueule d'amour

C'est à l'âge de 30 ans que Jean Gabin devient une vedette du cinéma français. Physique de séducteur, regard azur et voix gouailleuse de titi parisien, il s'impose dans les rôles de durs au cœur tendre. Julien Duvivier lui offre ses premiers grands rôles dramatiques, et ses premiers succès : La Bandera *(1935), où il incarne un criminel qui s'engage dans la Légion,* La Belle Équipe *(1936), qui relate une amitié virile tournant au drame par rivalité amoureuse, et* Pépé le Moko *(1936) dans lequel il incarne un gangster réfugié dans la casbah d'Alger, qui se perd par amour pour une femme fatale.*
Avec Jean Renoir, il tourne Les Bas-fonds, *puis* La Grande Illusion *en 1937, qui rencontre un très grand succès, et* La Bête humaine *en 1938. La même année, son rôle de déserteur dans le film sombre de Marcel Carné,* Le Quai des brumes, *lui offre une inoubliable scène d'amour avec une jeune beauté, Michèle Morgan : « T'as d'beaux yeux, tu sais », lui lance Gabin avec son accent parigot, ce à quoi elle répond simplement : « Embrassez-moi. »*
Les personnages qu'incarne Gabin dans ces films pourraient être résumés par une réplique que Prévert prête à l'un d'entre eux : « Qu'est-ce que tu veux, quand une fille est belle, qu'elle est jeune et qu'elle veut vivre, eh bien ! C'est comme un homme qui essaie d'être libre, tout le monde est contre, comme une meute ! »
Les rôles qu'on lui confie sont souvent des héros tragiques issus du peuple. Toujours dignes et forcément virils, traversés par la fulgurance de l'amitié et de l'amour, ils ne parviendront jamais à échapper à la fatalité qui les poursuit sans répit.

Les biscuitières en grève dansent dans la cour de l'usine.

Les grandes vacances

Mais l'heure n'est plus aux pleurs : au mois de mai, le Front populaire, une coalition de gauche conduite par le socialiste Léon Blum, remporte la majorité aux élections législatives. Aussitôt, par euphorie plus que par esprit de contestation, les grèves se multiplient dans tout le pays. Les ouvriers occupent les usines et les chantiers, les employés des grands magasins débrayent et plus de 2 millions de salariés rejoignent le mouvement. Une manière de rappeler au gouvernement qu'il doit tenir ses promesses, mais aussi de célébrer la victoire et l'espoir revenu.

Tandis que les classes populaires exultent, patrons et directeurs enragent et redoutent une révolution. Pas de quoi gâcher la fête : les grévistes organisent des loteries et des bals au son de l'accordéon ou de la TSF. Certaines vedettes soutiennent le mouvement, comme Mistinguett ou Tino Rossi, venu chanter Marinella pour les employés des Galeries Lafayette.

Le calme revient au début du mois de juin, avec la signature des accords de Matignon. Le travail reprend tandis que Blum annonce des mesures spectaculaires : la semaine de travail de 40 heures, et surtout quinze jours de congés payés pour tous les salariés.

Nous sommes nombreux à avoir vu la mer pour la première fois en cet été 1936. À Trouville, les familles populaires découvrent les bains de mer et la

Pique-nique dans les champs.

côte normande, si prisée par la bourgeoisie de la Belle Époque. D'autres préfèrent l'Auvergne et la montagne, où ils s'essaient à l'escalade, se promènent à bicyclette et dorment sous la tente. Les Français se grisent du bon air, découvrant le tourisme et les loisirs jusque-là réservés à une élite fortunée.

Pour les enfants, les grandes vacances se poursuivent à la campagne. À la fin du mois d'août vient le temps des moissons, qui mobilise toutes les forces. Tandis que les hommes et les garçons vont faucher les champs, les filles aident les femmes qui s'affairent en cuisine pour nourrir tout ce monde : il faut préparer des tartes, cuire le lapin, éplucher les légumes… S'ensuivent des repas en grandes tablées, bruyantes et gaies.

En septembre arrive la fête du village, la grande réjouissance attendue avec impatience depuis le début de l'été. Sur la grand-place s'installent un manège pour les enfants, un marchand de bonbons et de nougats

Grâce aux congés payés, les joies de la plage.

Jesse Owens, quatre fois médaille d'or aux jeux Olympiques de Berlin en 1936.

ainsi qu'un jeu de chamboule tout pour les adultes. L'orchestre du bal reprend les grands succès de Fréhel, du tango *Tel qu'il est* (« Ce n'est pas un Apollon mon Jules / Il n'est pas taillé comme un Hercule / Malgré qu'il ait bien des défauts, / C'est lui que j'ai dans la peau ») à la *Java bleue*, cet « air rempli de douceur / Qui fait tourner les têtes / Qui fait chavirer les cœurs », au refrain langoureux (« C'est la java bleue / La java la plus belle / Celle qui ensorcelle / Quand on la danse les yeux dans les yeux… »)

À table avec la famille Duraton !

Créé en 1937, ce feuilleton radiophonique rassemble les familles tous les soirs autour du poste de TSF qui trône majestueusement sur le buffet de la salle à manger. Plus d'un foyer sur deux dispose désormais d'un poste récepteur : l'écoute de la radio devient le premier loisir des Français. « La Famille Duraton », comme le « Crochet radiophonique » ou encore « Les Chansonniers en liberté », est diffusée sur Radio Cité, une radio parisienne au ton résolument moderne.
Avec « La Famille Duraton », les Français sont invités à la table d'une famille typique de « Français moyens », à l'heure du dîner. Du prix du lait aux collègues de bureau, ce sont des sujets quotidiens, traités avec légèreté, qui se retrouvent au cœur de la conversation familiale. L'indulgente madame Duraton aime cuisiner de bons petits plats pour sa famille et règne sur l'univers domestique. Monsieur est un honnête agent d'assurances, bourru et râleur, au cœur tendre. Comme l'explique la revue Music Hall, *« S'il désire un peu d'indépendance, c'est pour aller pêcher et non pour traîner dans les quartiers mal famés. » Ils sont les parents d'un garçon et d'une fille, Lisette, qui voudrait s'émanciper, pouvoir conduire et fréquenter des garçons en toute amitié.*
L'émission rencontre un immense succès populaire, au point que certains auditeurs prennent les Duraton pour une véritable famille. « La Famille Duraton », diffusée six soirs par semaine, offre le plaisir d'un divertissement familial à la maison : pas question d'en rater un épisode !

De Jules Verne à Félix le chat

La gouaille parisienne est à l'honneur en 1938 : Maurice Chevalier roule des « *R* » pour chanter sa poule – « Ah, si vous connaissiez ma poule / Vous en perdriez tous la boule... » – tandis qu'Arletty s'exclame dans *Hôtel du Nord*, le film de Marcel Carné : « Atmosphère, atmosphère ! Est-ce que j'ai une gueule d'atmosphère ? »

Loin de ces distractions pour adultes, au cours moyen, notre éducation morale se poursuit par le biais d'exercices de rédaction : « "La porte du cabaret conduit à l'hôpital." Expliquez cette maxime et

À la conquête du mont Blanc.

Fini les tresses de petite fille !

dites quelles sont les funestes conséquences de l'intempérance pour l'individu, la famille, la société. »

Chaque jour apporte son lot de problèmes d'arithmétique : « Deux tonneaux contiennent un vin de même qualité et valent ensemble 675 francs. L'un contient 80 litres de plus que l'autre et vaut 180 francs de plus. Quelle est la contenance de chaque fût ? » Ou encore : « Une brodeuse met trois quarts d'heure pour faire six centimètres de broderie payée à raison de 7,50 francs le double-décimètre. Combien retirera-t-elle du produit du travail d'une semaine, sachant qu'elle travaille huit heures par jour ? »

Aux enfants sages, on offre de jolis livres pour leurs étrennes : les albums du Père Castor, ceux de la comtesse de Ségur, de Jules Verne ou *Les Trois Mousquetaires* illustrés. Les albums de bandes dessinées remportent aussi un franc succès : *Zig et Puce, Félix le Chat* ou *Mickey Mouse*. Mon père aussi a bien travaillé et s'offre une jolie récompense : la Juva 4, un nouveau modèle de chez Renault sorti en 1939, dans laquelle il embarque fièrement la famille pour un grand tour dans le quartier.

Coup de tonnerre

Dans les derniers jours du mois d'août 1939, la presse parle encore de « tension internationale » et d'« intense activité diplomatique » pour éviter la guerre qui semble imminente. On s'accroche encore à un fol espoir pendant que des mesures de défense passive sont mises en place : les vitraux de la Sainte-Chapelle sont retirés par précaution, des Parisiens quittent la capitale, des masques à gaz sont distribués, et surtout, les réservistes sont rappelés.

Mais le 1er septembre, les troupes allemandes envahissent la Pologne. La mobilisation générale est décrétée le lendemain et les villages de France se couvrent d'affichettes. Dimanche 3 septembre, nous sommes suspendus au poste TSF : l'Angleterre et la France posent un ultimatum à l'Allemagne, qui doit retirer ses troupes.

Les Français découvrent les affiches annonçant la mobilisation générale.

Faute de réponse, l'Empire britannique se considère en état de guerre avec le Reich allemand : à 18 heures, le roi Georges VI l'annonce à son peuple depuis le palais de Buckingham. Deux heures plus tard, Édouard Daladier fait de même dans son discours radiodiffusé. La guerre est déclarée.

J'éclate en sanglots. Mon oncle a passé deux ans sur le front de la Grande Guerre, il s'est battu dans les tranchées du chemin des Dames, et nous tremblons en repensant à ses récits. Dans les villes et les villages, les sirènes des mairies hurlent et les cloches des églises sonnent le tocsin. Les plus âgés comprennent immédiatement : ils ont vécu la même scène en 1914. Recroquevillée dans mon lit, rien ne peut me consoler, si ce n'est mon chien, que je serre contre moi. J'ai l'impression d'avoir pleuré pendant un mois entier.

Les hommes mobilisés portent l'uniforme.

En tant qu'ancien combattant et chargé de famille, le père de Suzanne n'est finalement pas envoyé au front. Il est affecté aux services administratifs et se rend tous les jours à la caserne, en uniforme bleu horizon, le calot vissé sur la tête.

À bicyclette, sur les grands chemins.

Repli stratégique

Les Parisiens redoutent les bombardements, et ceux qui le peuvent emmènent leurs enfants à la campagne. Je m'installe chez ma tante, qui m'inscrit à l'école communale du village. Certains enfants marchent quatre kilomètres pour venir à l'école. À l'heure du déjeuner, ils sortent la gamelle que leur mère leur a préparée.

Un couple d'instituteurs se partage les classes, mais le mari étant parti au front, l'institutrice se retrouve seule pour enseigner à tous les niveaux. Les « grandes », dont je fais partie, aident donc autant qu'elles le peuvent : nous allumons le poêle à bois pour réchauffer la classe le matin, nous faisons cours aux petits... et prenons notre rôle très à cœur.

Les adultes n'ont pas l'air trop inquiet : ne sommes-nous pas en sécurité, derrière la ligne Maginot ? Les seuls mouvements qu'effectuent les troupes françaises sont des « replis stratégiques » et les communiqués officiels se succèdent, monotones : « Journée calme sur l'ensemble du front »...

Fréhel, la reine de la chanson réaliste.

La complainte de la rue

Au panthéon de la chanson réaliste figurent deux grandes interprètes : Berthe Sylva et Fréhel. Elles n'ont cessé de chanter la souffrance, la trahison amoureuse, la nostalgie d'un bonheur fugace et perdu. Tragique, leur existence l'est autant que leurs chansons : femmes blessées, interprètes habitées, elles ont connu la splendeur comme la misère et fait l'expérience de la dérive jusqu'au naufrage. Berthe Sylva, l'une des premières vedettes de la radio, connaît un immense succès avec On n'a pas tous les jours vingt ans *et* Les Roses blanches. *Elle triomphe sur la scène des plus grands music-halls français avant de connaître une véritable descente aux enfers : l'alcool des soirs de fête se transforme bientôt en compagnon quotidien. La déchéance l'éloigne de la scène, tandis qu'elle sombre dans la misère.*

Du trottoir à la scène de l'Olympia, Fréhel a plus souvent vécu le pire que le meilleur. À 20 ans, alors qu'elle rencontre le succès sur scène, l'alcool et la cocaïne la consolent des hommes infidèles – son mari l'a quittée pour Damia, Maurice Chevalier pour Mistinguett – et de la perte d'un enfant en bas âge. Suivent dix ans de perdition, de Saint-Pétersbourg à Constantinople : liaisons sans lendemain, cabarets minables, prostitution… Quand l'ambassade de France finit par la rapatrier, la belle est devenue une matrone bouffie et empâtée. Elle réussit pourtant à reconquérir son public et connaît dix années fastes. Mais après la guerre, Fréhel ne retrouvera pas sa place. Comme Berthe Sylva dix ans plus tôt, elle s'éteint dans un hôtel sordide, oubliée de tous et ravagée par l'alcool.

1940-1943

Dans le fracas des bombes

La communion solennelle.

De Paris à Chartres

Huit mois ont passé depuis la déclaration de guerre sans qu'aucune véritable offensive n'ait lieu, et nous nous habituons presque à ce qu'on appelle la « drôle de guerre ». Soudain, au matin du 10 mai 1940, les chars allemands envahissent la Belgique. L'armée française se tenait prête derrière la ligne Maginot, mais dix jours plus tard, c'est à Sedan, dans les Ardennes, que

Chronologie

10 mai 1940
L'armée allemande envahit les Pays-Bas, la Belgique et la France. C'est la fin de la drôle de guerre.

10 mai 1940
En Angleterre, Winston Churchill devient Premier ministre.

14 juin 1940
La Wehrmacht entre dans Paris. Sur les routes de France, la population, terrorisée, fuit l'avancée des troupes allemandes.

18 juin 1940
Sur les ondes de la BBC, à Londres, le général de Gaulle appelle les militaires français à la Résistance.

10 juillet 1940
À Vichy, le maréchal Pétain devient le chef de l'État français. Le 24 octobre, la poignée de main échangée avec Hitler consacre le début de la collaboration.

8 novembre 1941
Leningrad, assiégée par l'armée allemande, est coupée du monde. Le froid, la famine et les bombardements tuent un tiers des habitants. Le siège durera neuf cents jours.

7 décembre 1941
Raid surprise mené par l'aviation japonaise sur la flotte de guerre américaine, à Pearl Harbor : le lendemain, les États-Unis entrent en guerre.

7 juin 1942
Les Juifs français sont contraints de porter l'étoile jaune.

17 juillet 1942
À Paris, la police française arrête 13 000 Juifs. Parqués au vélodrome d'Hiver, puis à Drancy, ils sont ensuite déportés vers le camp d'extermination d'Auschwitz.

16 février 1943
Le gouvernement de Vichy instaure le Service du travail obligatoire. Environ 700 000 jeunes Français sont envoyés en Allemagne pour faire office de main d'œuvre pour le régime nazi.

19 juillet 1943
Rome est bombardée par les alliés. Mussolini est renversé le 24 juillet. Le 3 septembre, l'Italie signe un armistice.

En famille, le temps d'une permission.

les divisions blindées pénètrent en France. La semaine suivante, mon père décide de nous mettre à l'abri à Chartres, où ma mère et moi dormirons à l'hôtel. Sur la route, nous croisons des centaines de familles qui ont bourré leurs valises à la hâte et entassé leurs affaires dans leur voiture, dans des landaus d'enfants ou sur des vélos, pour fuir l'avancée des troupes allemandes.

Le répit est de courte durée : les propriétaires de l'hôtel décident de fermer l'établissement, et nous nous retrouvons à nouveau sur la route de

La population fuit l'avancée allemande.

l'exode, cette fois à pied. Comme beaucoup, nous marchons sans but précis, passant la nuit dans un abri de fortune, sur la paille d'une grange ou dans un moulin. Les maisons sont vides, leurs habitants ont fui. Nous croisons des soldats français, l'air égaré. Ma mère espère qu'une connaissance habitant près d'Alençon pourra nous accueillir.

Les douze derniers kilomètres nous menant à la ferme me semblent interminables : la faim, la peur et la fatigue ont raison de nos forces. Nous voilà arrivées dans la cour, où nous trouvons un camion rempli d'affaires et des matelas empilés dans une remorque : tous sont prêts à partir. « Je suis la femme du gars Mil », annonce ma mère. La porte s'ouvre pour l'épouse d'Émile. Affamées, nous nous jetons sur le repas chaud qu'on nous prépare. Tandis que, comprenant que la partie est perdue, les adultes prennent la décision de rester, je savoure le confort d'un vrai lit. Épuisée, je sombre dans un sommeil de plomb, oubliant pour quelques heures l'inquiétude d'être restée sans nouvelles de mon père, toujours à Paris.

Les Français parlent aux Français

« Radio Paris ment, Radio Paris ment, Radio Paris est allemand ! » Sur l'air de La Cucaracha, *ce petit refrain rappelle aux auditeurs que Radio Paris est devenue un instrument de propagande aux mains de l'occupant nazi. Désormais, la France libre s'exprime sur les ondes anglaises : « Ici Londres, les Français parlent aux Français ! »*

Le présentateur commence par lire de nombreux et étranges messages personnels *: « Il fait chaud à Suez » ; « Les dés sont sur le tapis » ; « Le chant du laboureur dans le matin brumeux »… Ce sont autant de messages codés destinés aux réseaux de Résistance. « Frédéric était roi de Prusse, nous disons quatre fois » annonce ainsi un parachutage effectué depuis quatre avions. D'autres messages transmettent des ordres de sabotage, accusent réception d'une livraison ou communiquent des informations essentielles. Pour brouiller la fréquence, les Allemands émettent une modulation en deux tons qui parasite constamment la réception. Les messages sont lus lentement et systématiquement répétés : « Je n'aime pas la blanquette de veau, je répète, je n'aime pas la blanquette de veau. »*

À l'approche du débarquement allié, les messages se multiplient : le 1er juin, le message « Les sanglots longs des violons… » déclenche le sabotage de voies ferrées. Le 5 juin 1944 au soir, plus de deux cents messages sont adressés aux résistants : « Tout le monde sur le pont » ; « Messieurs, faites vos jeux » ; « Les carottes sont cuites ». Le soir du 5 juin, la fin du vers (« … bercent mon cœur d'une langueur monotone ») annonce enfin le jour J.

Vert-de-gris

Quand mon cousin s'écriait : « Grand-père, les Allemands sont entrés dans Paris ! », il s'entendait répondre : « Que tu es couillon, Jacques, les Allemands ne passeront jamais la ligne Maginot ! » Pourtant, le 14 juin, les Allemands entrent dans la capitale, déclarée « ville ouverte ». Le gouvernement s'est replié à Tours, puis à Bordeaux, où la pagaille règne du fait de l'arrivée des réfugiés. Les

Quand les soldats français y croyaient encore.

nouvelles se contredisent, les rumeurs enflent. Face à la débâcle, le maréchal Pétain, devenu président du Conseil, signe un armistice avec Hitler. La sonnerie du cessez-le-feu résonne le 25 juin à minuit, ouvrant la voie à l'envahisseur. Cinq jours plus tard, les Allemands entrent dans Bordeaux.

Sans un coup de feu, sans aucun combat, camions, voitures et soldats de la Wehrmacht traversent les rues désertées de la ville en chantant « Heidi, heido, heida ». Leur père a mis mes cousins en garde : « Ne frayez jamais avec l'ennemi, ne parlez pas aux soldats, ignorez-les. La situation est temporaire. » Le lendemain, sa nièce, éplorée, débarque à la maison : son mari, qu'elle a épousé la semaine précédente, vient d'être arrêté par les Allemands en gare de Châteaubriant. Les jeunes mariés allaient rendre visite aux parents du mari, qui a commis l'imprudence de porter son uniforme français. L'oncle Pierre décide aussitôt de se rendre sur place, et c'est déguisé en livreur de pommes de terre qu'il parvient à sortir son neveu des griffes de l'ennemi.

Tandis que les Parisiens regagnent peu à peu la capitale, je passe l'été à la ferme, près d'Alençon. Nous avons beau croiser des soldats allemands au village, la petite fille que je suis, qui conduit avec fierté la charrette à cheval pour aller vendre lapins, poulets et œufs au marché, finit par oublier que ce ne sont pas des vacances comme les autres.

Celles-ci prennent fin avec notre retour en train à Paris, et la rentrée à l'école. Nous retrouvons la ville étrangement calme, sous la présence militaire allemande, avec ses rues sans voitures ni autobus.

Le réconfort du blessé.

Pénuries, restrictions et files d'attente.

Rutabagas et topinambours

Les Français ont de plus en plus de difficultés à se nourrir, surtout en ville. En octobre 1940, les produits de base – pain, viande, pâtes et sucre – sont rationnés au moyen de cartes de rationnement. Ils seront bientôt suivis par la quasi-totalité des denrées. La population est divisée en plusieurs catégories : enfants, jeunes, adultes, travailleurs agricoles, personnes âgées ou encore travailleurs de force, les seuls à avoir droit à du vin. Les maigres rations quotidiennes correspondent à la moitié des besoins énergétiques d'un adulte : en moyenne 250 grammes de pain, 25 de viande, 17 de sucre, 8 de matière grasse et 6 de fromage.
Les ménagères endurent d'interminables queues pour tenter de remplir leur filet à provision. Le pain noir est fabriqué avec ce que l'on trouve : farines de maïs, de fèves, de seigle ou d'orge, auxquelles on ajoute des brisures de riz, voire de la sciure de bois, ce qui rend souvent les enfants malades. Rien n'est gaspillé : avec les restes de pain rassis, on fait une panade. Trempé dans l'eau et cuit longuement, le pain se transforme en une bouillie épaisse et gluante.
Les ménagères doivent faire preuve d'ingéniosité pour adapter leurs recettes à la pénurie, remplaçant les œufs et le beurre des gâteaux par des pois chiches, confectionnant une mayonnaise sans œufs et du café à base de chicorée, d'orge grillée ou de châtaignes… Il faut s'habituer au goût des ersatz, comme la saccharine. À table, difficile d'échapper aux rutabagas et aux topinambours, devenus des aliments de base que l'on retrouve servis à quasiment tous les repas.

Les Parisiennes mettent un point d'honneur à rester coquettes.

Les bons points du maréchal

Si la récitation, la dictée et les problèmes d'arithmétique nous étaient déjà familiers, de nouvelles habitudes nous sont dorénavant imposées à l'école : tous les matins, rassemblés pour le salut au drapeau, nous entonnons : « Maréchal, nous voilà ! / Devant toi, le sauveur de la France. » Pour les plus jeunes, les bons points sont devenus « les bons points du maréchal ». Pendant la récréation, la maîtresse nous fait mettre en rang pour nous distribuer des biscuits Gondolo, des gâteaux vitaminés destinés à compenser les pénuries alimentaires. D'autres, moins chanceux, sont requinqués à l'huile de foie de morue : nombreux sont ceux qui se débrouillent pour aller cracher aux toilettes le morceau de pain trempé du liquide huileux.

La vie quotidienne s'organise tant bien que mal, entre restrictions et pénuries. L'essence est réquisitionnée, les voitures rangées sous des bâches et les autobus laissés au dépôt. Les Parisiens se déplacent en métro, tandis que les bicyclettes envahissent les rues. Devant les vitrines vides des commerces, les queues s'allongent : il faut patienter des heures, tickets de rationnement à la main, pour espérer avoir un jour du pain, du lait le lendemain.

Les chansons à la mode se veulent enjouées. Maurice Chevalier interprète la primesautière *Symphonie des semelles de bois* : « Tap, tap, tap, c'est le refrain / De la rue pleine d'entrain [...] / Tap, tap, tap, c'est le rythme parigot / Du sourire en sabots » tandis que Jacques Pills avoue : « D'accord, j'aurais pu me montrer plus prévoyant / D'accord, j'aurais dû faire des stocks au bon moment [...] / Mais j'ai toujours de l'amour / Qu'en mon cœur je garde en cachette / Au marché rose, je l'achète / Ne dites rien / Ou bien / On me pendrait haut et court ! »

Certains commerçants en profitent pour quadrupler les prix, le marché noir est florissant, et chacun troque ce qu'il peut. Mon père, toujours employé chez Mazda, fait de ses piles électriques une monnaie d'échange très recherchée. Nous améliorons le quotidien grâce aux colis envoyés par les membres de notre famille qui vivent à la campagne, quand le contenu – lard, fromage, poulet, lapin – n'arrive pas à moitié pourri, faute d'avoir été acheminé assez rapidement ! Il nous faut de plus partager avec la concierge, qui ne se gêne pas pour réclamer sa part. Dans la méfiance générale, alors que plusieurs centaines de lettres de délation sont postées chaque jour, le prix du silence ne se discute pas. Même la radio s'y est mise : la séquence « Répétez-le », sur Radio Paris, est à la disposition des auditeurs désireux de dénoncer quelqu'un.

Oncles et tantes qui vivent à la campagne deviennent de précieux alliés.

À Paris, un square interdit aux enfants juifs.

Interdit aux Juifs

Dans une indifférence assez générale, le gouvernement de Vichy promulgue dès octobre 1940 une loi portant sur le statut des Juifs : outre le recensement obligatoire, les Juifs sont désormais exclus de l'enseignement, de la magistrature, de la presse, la radio, du cinéma... La presse collaborationniste – *Gringoire, Au pilori, Je suis partout* – exulte, libre de donner cours à un antisémitisme plus que virulent. En septembre 1941, tandis que la liste des professions interdites s'allonge et que les biens des Juifs sont spoliés, les Parisiens découvrent la grande exposition Le Juif et la France, au palais Berlitz, près de l'Opéra. Plus de 200 000 Français iront la visiter pour apprendre à mieux reconnaître les Juifs grâce à leurs caractéristiques physiques et à mesurer l'étendue de leur « emprise corruptrice ».

La situation s'aggrave en 1942. Nous voyons arriver à l'école des camarades portant l'étoile jaune, cousue sur le côté gauche de la poitrine. Des panneaux « Interdit aux Juifs » apparaissent un peu partout dans la ville – squares, piscines, cinémas, théâtres, bibliothèques, cafés, restaurants... Leurs bicyclettes sont confisquées, ils ne sont autorisés à voyager que dans la dernière voiture du métro, à faire leurs achats entre 15 et 16 heures ; il leur est interdit de posséder un poste de radio, une ligne téléphonique ou de téléphoner d'une cabine publique.

Mais le pire reste à venir. À la rentrée, notre professeur nous annonce, le visage grave, que notre camarade Jacqueline Rosenblum ne reviendra pas. Personne ne pose de question ; nous avons entendu parler de la rafle du Vel' d'Hiv', au mois de juillet, lors de laquelle plus de 12 000 Juifs parisiens ont été arrêtés, pour les deux tiers des femmes et des enfants. Dans le quartier, des commerçants qui ouvraient leur boutique, des personnes qui se rendaient à leur travail et des riverains alertés par le bruit avaient vu partir les familles, baluchons à la main, encadrées par les gendarmes.

Les zazous

Dans la capitale occupée par les Allemands, privés de voyages, de loisirs, de bals ainsi que de vie nocturne à cause du couvre-feu, certains jeunes Parisiens affichent ostensiblement leur envie de s'amuser, ou plutôt, d'être swing : ce sont les zazous ! Leur allure excentrique est chantée par Johnny Hess : « Les cheveux tout frisottés / Le col haut de dix-huit pieds, / Ah ils sont zazous ! / Le doigt comme ça en l'air / le veston qui traîne, traîne par terre / Ah ils sont zazous ! / Ils ont des pantalons d'une coupe inouïe / qui arrivent un peu au-dessus des genoux / et qu'il pleuve ou qu'il vente / ils ont un parapluie, de grosses lunettes noires, et puis surtout, / ils ont l'air dégoûté. »
Le jeune zazou est un rebelle, dans son attitude plus que dans son action. Bravache, il porte les cheveux longs alors qu'un décret de Vichy fait des cheveux, utilisés pour la fabrication de pantoufles, une matière première d'intérêt public. Ses vestes sont amples malgré les restrictions de tissu. Et il a le sens de la contradiction : alors que l'idéologie pétainiste prône les valeurs « Travail, famille, patrie », il traîne toute la journée sur les terrasses des cafés du Quartier latin ou des Champs-Élysées, flirte, écoute du jazz et organise des fêtes clandestines.
De la blague de potache – remonter les Champs-Élysées en brandissant deux cannes à pêche, deux « gaules » – à la provocation directe – porter une étoile jaune marquée « Swing » ou « Zazou » –, les agissements de cette petite minorité exaspèrent la presse collaborationniste. Qualifiés de « faune dégénérée et décadente », ils incarnent tout ce que hait le régime vichyste, ce qui leur vaut d'être parfois passés à tabac et tondus par de jeunes fascistes, aux cris de : « Rasez le zazou ! »

Flotte, flotte, petit drapeau

Nous apprenons à vivre calfeutrés, volets tirés, rideaux fermés, pour éviter de laisser filtrer le moindre rai de lumière qui pourrait être repéré par les avions. Un couvre-feu est imposé depuis le début de l'Occupation. Les Parisiens qui se pressent au cinéma pour découvrir *L'Assassin habite au 21* de Henri-Georges Clouzot, ou *Les Visiteurs du soir* de Marcel Carné

La menace plane sur les frères aînés.

et Jacques Prévert, se bousculent pour ne pas rater le dernier métro.

À la nuit tombée, l'éclairage public reste éteint. Seul mon père sort parfois le soir, après nous avoir recommandé de bien nous enfermer. Nous ne savons pas où il se rend, mais comprenons qu'il est inutile de le demander. Certains couvrent leurs vitres de papier journal, d'autres tendent des couvertures. Profitant de notre isolation, nous sortons le poste de radio pour écouter la radio anglaise, ce qui est formellement interdit. Enfin, se calfeutrer est aussi un moyen de combattre le froid, durant ces durs hivers sans chauffage où nous restons dans la cuisine, près de la grande cuisinière allumée.

Nous passons la soirée à réparer et à repriser ce qui peut l'être, tandis que ma mère détricote des chandails devenus trop petits pour en tricoter de nouveaux. Quand la sirène retentit, nous rejoignons la cave de l'immeuble et attendons, le cœur battant, assis sur de vieilles chaises, tandis que les hommes entament une partie de cartes.

À Bordeaux, durant le mois mai 1943, l'alerte retentit toutes les nuits : la Royal Air Force anglaise bombarde le port italien. Les frères de Suzanne montent au grenier admirer le spectacle, tandis qu'elle tremble de peur au fond de son lit, seulement à moitié réconfortée par les paroles de son père : « Ne te plains pas, ce n'est rien, seulement du bruit. Quand ça sera dangereux, je te le dirai. »

Nous avons décroché notre certif' et rapporté à la maison le précieux diplôme. Règles orthographiques, problèmes arithmétiques, départements et chefs-lieux n'ont plus de secrets pour nous. Il a aussi fallu chanter une chanson, et j'avais choisi *La Marseillaise*. C'était compter sans l'officier allemand, assis à côté du bureau le jour de l'examen. Les jambes tremblantes, l'estomac noué, c'est d'une voix blanche que j'ai finalement chanté : « Flotte petit drapeau / Flotte flotte bien haut / Image de la France / Symbole d'espérance… » Les paroles étaient tout aussi explicites.

Arletty, le visage du cinéma français.

L'Allemagne nazie a besoin de main-d'œuvre : la carte d'identité de mon cousin, né en 1922, se retrouve barrée du tampon « STO ». Quelques jours plus tard, le tampon a disparu et Jacques a rajeuni de deux ans, comme nombre de ses camarades auquel son père a pu procurer de faux papiers.

Si ce succès invite à une improbable fête – « De fraîches guinguettes / Des filles bien faites / Les frites sont prêtes / Et y a du vin blanc / Ah ! le petit vin blanc / Qu'on boit sous les tonnelles / Quand les filles sont belles / Du côté de Nogent… » –, une terrible sécheresse sévit à Bordeaux pendant l'été 1943. L'eau est coupée, et les habitants doivent s'approvisionner aux pompes de la ville, où la file d'attente est interminable. Sur le chemin du retour, voyant que ma cousine Suzanne peine à porter ses deux brocs d'eau, un soldat allemand propose de l'aider. Gardant les yeux baissés, elle refuse, se rappelant fièrement les paroles de son père aux premiers jours de l'occupation, trois ans auparavant : « Ne frayez jamais avec l'ennemi. »

1944-1947

Le goût de la liberté

Jeune fille sage en jupe plissée.

La fin du cauchemar

Gagnés par la nostalgie, de Lili Marleen à Charles Trenet (« Que reste-t-il de nos amours / Que reste-t-il de ces beaux jours… »), chaque jour qui passe avive le désir de revoir « le cher visage de [notre] passé ». On ne trouve quasiment plus rien : ni charbon, ni savon, ni pneus de bicyclette, ni nourriture… Les prix du marché noir sont devenus fous, les rations officielles sont diminuées de moitié. Les enfants n'osent se plaindre de la faim qui leur tenaille l'estomac. L'électricité et le gaz sont coupés quasiment toute la journée.

Chronologie

6 juin 1944
Les Alliés, sous le commandement du général Eisenhower, débarquent sur les plages de Normandie.

25 août 1944
Le général Leclerc, à la tête de la 2e division blindée, entre dans Paris : « Paris outragé, Paris brisé, Paris martyrisé, mais Paris libéré ! »

4 février 1945
Winston Churchill, Joseph Staline et Franklin D. Roosevelt se rencontrent à Yalta, en Crimée, pour statuer sur le sort de l'Allemagne.

30 avril 1945
L'armée soviétique entre dans Berlin. Réfugié dans son bunker, Hitler se donne la mort.

8 mai 1945
Suite à la capitulation sans condition de l'Allemagne, la fin de la seconde guerre mondiale en Europe devient officielle.

6 août 1945
Les Américains larguent la première bombe atomique sur Hiroshima, au Japon. L'explosion fait plus de 100 000 victimes. Trois jours plus tard, une seconde bombe est larguée sur Nagasaki. Le 14 août, par la voix de l'empereur Hirohito, le Japon capitule.

21 octobre 1945
Les femmes françaises votent pour la première fois. Elles participent massivement aux élections législatives.

13 novembre 1945
Le général de Gaulle devient chef du gouvernement provisoire.

20 novembre 1945
À Nuremberg s'ouvre le procès de 24 hauts dignitaires nazis, accusés de crimes de guerre et de crimes contre l'humanité. 11 d'entre eux seront condamnés à mort et pendus.

19 décembre 1946
Hô Chi Minh, à la tête des troupes du Vietminh, entre dans Hanoï. La France déclare la guerre à l'Indochine.

15 août 1947
L'ancien empire des Indes britanniques accède à l'indépendance. La partition et la création du Pakistan musulman provoquent de violents affrontements dans le pays.

Souriante, mais dans la tourmente.

Nous n'allons plus vraiment à l'école, réduite à quelques heures par semaine, souvent dans des locaux improvisés, car nombre d'établissements scolaires ont été réquisitionnés. Nous n'avons pas de manuels, et écrivons nos leçons jusque dans les marges des cahiers pour faire durer le papier rationné. Les bombardements s'intensifient, à Paris comme dans de nombreuses villes françaises. Entre les exercices d'alertes et les alertes véritables, j'ai si souvent manqué l'école que je redouble.

Le 6 juin 1944, au petit matin, Radio Londres annonce le débarquement des forces alliées en Normandie. La nouvelle apporte espoir et joie, mais l'issue de la guerre nous semble encore loin. Derrière les volets clos, nous continuons à entendre le pas cadencé des soldats allemands. Chaque semaine apporte son lot d'histoires terribles et d'atrocités commises par les « Boches », les « Schleus » ou les « Fritz » : jeunes hommes pris au hasard et fusillés en représailles, arrestations, exécutions sommaires...

Chez ma cousine de Bordeaux, en attendant le grand jour, mère et fille confectionnent des guirlandes tricolores et teignent des chiffons en bleu et en rouge pour fabriquer des drapeaux... De la maison mitoyenne, réquisitionnée par les Allemands, parviennent des bruits de rires et de fête : les officiers ont sorti le piano dans le jardin, débouché de bonnes bouteilles et invité des femmes « de mauvaise vie ».

À Paris, galvanisée par la progression des Alliés, la Résistance prépare l'insurrection. Une grève éclate chez les cheminots le 10 août, dans la gendarmerie le 13, dans la police le 15. Le 18, la grève est générale. Les Parisiens découvrent sur les murs de la ville un appel à la mobilisation signé « colonel Rol, chef du Grand Paris ». Sans que nous le sachions encore, l'état-major des FFI se tient prêt à libérer la capitale, dans son poste de commandement souterrain situé sous le lion de la place Denfert-Rochereau.

Dans les rues de Paris, les combats ont laissé des traces.

La bataille de Paris

Nous avons interdiction absolue de sortir dans la rue. Tous les Parisiens sentent que l'offensive est imminente. De nouvelles affiches fleurissent au soir du 21 août : « Avis : Que toutes les petites rues soient obstruées par des

Les plus jeunes sont aussi de la fête.

barricades en chicane ; dans ces conditions, le Boche sera isolé et cerné dans quelques centres. Il ne pourra plus exercer de représailles. Les portes des immeubles doivent être ouvertes aux combattants français et fermées aux Boches sous peine de sanctions graves. Tous aux barricades ! »

Le lendemain, plus de cinq cents barricades sont dressées. Les combats s'engagent dans Paris. Alors que les forces françaises ont repris le cœur de la ville, les Allemands défendent avec acharnement les Tuileries, Rivoli, les quais et l'École militaire. Trois jours plus tard, le général Leclerc envoie un message aux combattants, proches de la victoire : « Tenez bon. Nous arrivons. » Une compagnie de chars est détachée en avant-garde vers Paris. Quelques minutes après son arrivée sur la place de l'Hôtel de Ville, le bourdon de Notre-Dame sonne à toute volée, bientôt rejoint par toutes les cloches de la capitale. Nous ouvrons nos fenêtres, la rumeur monte de la rue, mes parents me serrent dans leurs bras, les rires se mêlent aux pleurs : Paris est libéré.

Le lendemain, à la surprise générale, le général Leclerc, à la tête de la 2e division blindée, fait son entrée dans la ville par la porte d'Orléans. La liesse est indescriptible : les rues sont noires de monde, les enfants sont juchés sur les épaules de leurs parents pour tenter d'apercevoir les héros, les Parisiens grimpent sur les chars, acclament et embrassent les combattants, leur jettent des fleurs, tandis que des drapeaux français surgissent aux balcons.

Dans l'après-midi, Leclerc et Rol-Tanguy reçoivent la capitulation des forces allemandes, tandis que le général de Gaulle entre à son tour dans Paris, sous les acclamations de la foule enthousiaste. À 20 heures, devant le poste TSF, nous attendons son discours. Les gorges se serrent lorsqu'il évoque « l'émotion qui nous étreint tous, hommes et femmes, qui sommes

Les rues sont noires de monde.

ici, chez nous, dans Paris debout pour se libérer... Il y a là des minutes qui dépassent chacune de nos pauvres vies. Paris outragé ! Paris brisé ! Paris martyrisé ! Mais Paris libéré, libéré par lui-même, libéré par son peuple, avec le concours des armées de la France, avec l'appui et le concours de la France tout entière, de la France qui se bat, de la seule France, de la vraie France, de la France éternelle. »

Place de la Concorde, la foule entoure les libérateurs.

What a new look !

Lorsque Christian Dior présente sa première collection, le 12 février 1947, la rédactrice en chef du Harper's Bazaar *s'exclame, enthousiaste : « What a new look ! » Taille cintrée, jupons opulents en forme de corolle s'arrêtant à 20 centimètres du sol, la silhouette proposée par Dior tranche radicalement avec l'uniforme de la Parisienne d'après-guerre.*
André Levasseur, modéliste pour la maison Dior, raconte : « On sortait de la guerre et de ses horreurs ; on était toujours dans les privations. Les femmes portaient une sorte d'uniforme : une jupe courte, un chemisier, une veste à épaules carrées. En plus, elles taillaient leurs vêtements dans les vieux costumes de leur mari. Imaginez le retour à une poitrine et des hanches naturelles, de petites épaules et une taille de guêpe. Et des jupes dont l'envergure demandait parfois 40 mètres de tissu... »
Mais comment le couturier s'est-il procuré le tissu nécessaire, alors que l'industrie textile est exsangue ? En utilisant un stock de toile de parachute – de la soie fabriquée par la société Boussac pendant la guerre ! C'est d'ailleurs grâce au soutien du même industriel que Dior a ouvert sa maison de couture un an auparavant.

Le New Look selon Christian Dior : so chic !

Le scandale est grand, le succès aussi : en pleine période de restrictions, alors que les femmes anglaises doivent se contenter de trois mètres de tissu réglementaires, ce new look semble à certains décidément déplacé et frivole. Mais, d'après le modéliste, « Tout le monde voulait être habillé comme ça. Les femmes qui n'avaient pas beaucoup de moyens cousaient un grand volant écossais à leur jupe courte, pour lui donner la bonne longueur. »

L'heure de la vengeance

À Bordeaux, le mois d'août touche à sa fin quand un dimanche, les habitants entendent une patrouille allemande crier dans un haut-parleur, depuis un camion : « Fermez les contrevents, nous tirerons sur tout ce qui bouge ! » Ma famille obéit aux ordres. Le lendemain, ils ont disparu. Plus la moindre trace d'uniforme allemand. Au loin s'élève une épaisse fumée noire, qui provient de l'incendie des dépôts de carburant, allumé par les Allemands avant de partir. Le 28, les unités de la Résistance entrent triomphalement dans la ville : ma cousine a 15 ans et c'est le plus beau jour de sa vie. La foule en liesse, partout dans les rues, fête la Libération pendant trois jours et trois nuits, dans l'euphorie absolue.

Tandis que les combats continuent dans le pays jusqu'au mois de décembre et que les libérateurs reprennent les villes les unes après les autres, l'heure des règlements de compte a sonné. Miliciens, indics, traîtres et collabos sont traqués, fusillés, pendus. Les femmes ne sont pas épargnées : avoir « couché avec les Boches », par amour ou pour de l'argent, avoir servi de lingère ou de femme de ménage à l'occupant, avoir tenu un café où les Allemands étaient les bienvenus, leur vaut d'être tondues en place publique puis promenées dans les rues de la ville, à demi-nues, sous les crachats. Celles qui fréquentaient les soirées des officiers allemands, dans la maison voisine de ma cousine, sont abattues et jetées dans la Garonne après avoir été rasées.

Marcel Petiot, le « docteur Satan »

Le 9 mars 1944, incommodés par la fumée qui s'échappe depuis plusieurs jours du 21, rue Le Sueur, dans le XVIe arrondissement, les voisins alertent les sapeurs-pompiers. En l'absence du propriétaire, ils fracturent la porte de l'hôtel particulier et découvrent au sous-sol un spectacle terrifiant : des corps dépecés se consumant dans une chaudière, un tas de cendre avec des débris calcinés d'ossements, et un sac plein de restes humains ayant macéré dans la chaux vive. Des dizaines de valises sont entreposées. Derrière une double porte, une chambre à gaz a été aménagée, avec un judas permettant d'en surveiller l'intérieur. Le propriétaire des lieux s'appelle Marcel Petiot, médecin de son état.
Le commissaire chargé de l'enquête apprend que Petiot a été relâché quelques semaines auparavant par la Gestapo. Soupçonné d'avoir organisé une filière d'évasion sous l'identité du docteur Eugène, il a été arrêté et torturé pendant plusieurs mois : de quoi se forger un mythe de grand résistant, et d'infiltrer, une fois en cavale, les rangs des FFI en devenant le capitaine Valéry. Mais les hommes de la Criminelle qui ratissent Paris finissent par l'y arrêter quelques mois plus tard.
Lors de son procès, où il doit répondre de vingt-sept meurtres, Petiot se targue d'avoir exécuté soixante-trois « Boches » et « collabos ». Il n'en est rien. Le docteur faisait miroiter à ses victimes, juives pour la plupart, la possibilité de passer en Amérique du Sud. Convoqués la nuit, ils devaient apporter avec eux leurs biens rassemblés dans une valise et coudre leurs bijoux et leur or dans la doublure de leur manteau. Aucun d'eux n'aura quitté vivant le 21, rue Le Sueur.
Malgré la brillante plaidoirie de plus de six heures de maître Floriot, son avocat, Petiot est condamné à la peine capitale, puis guillotiné le 25 mai 1946.

Le drapeau français flotte à nouveau sur l'Arc de triomphe.

Lendemains qui déchantent

Le 8 mai 1945, l'Allemagne capitule et signe sa reddition sans condition. Presque un an après le débarquement allié, la guerre est enfin terminée. Comme le chante Maurice Chevalier dans *Fleur de Paris*, « C'est la fleur du retour / du retour des beaux jours ». Fini les *Ausweis*, nous savourons le plaisir de circuler librement, d'aller nous promener avec nos amies ou de parcourir des kilomètres à vélo, sur les chemins de campagne, pour rendre visite aux oncles et tantes. Le cinéma nous réserve de belles après-midi, devant *Les Enfants du Paradis* (1945), de Jacques Prévert et Marcel Carné, avec Arletty et Jean-Louis Barrault, ou *La Belle et la Bête* (1946), de Jean Cocteau, qui fait aussitôt une vedette du jeune et beau Jean Marais.

Tandis que les hommes découvrent *Le Monde*, nouveau quotidien en kiosque, *Elle* s'adresse aux femmes chics et modernes. Elles y trouveront tout ce qu'il faut savoir pour adopter le New Look de Christian Dior. D'autres sujets moins frivoles les attendent, puisqu'elles peuvent désormais voter. Si mon père, magnanime, a laissé ma mère entrer seule dans l'isoloir, il n'a pas oublié de guider au préalable sa main vers le « bon » bulletin, en soupirant : « Ma pauvre femme, est-ce que tu sais ce que tu fais ? »

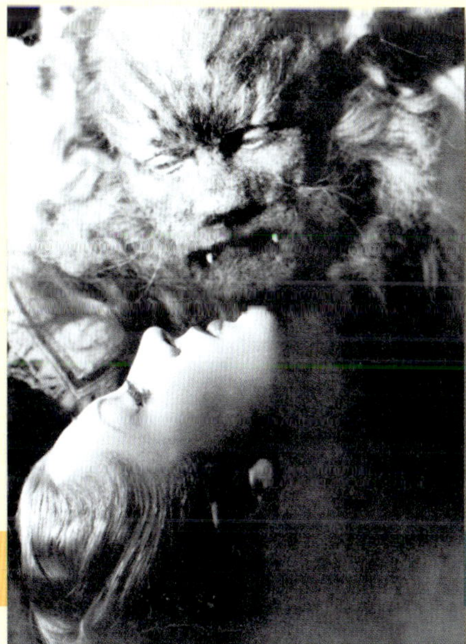

La Belle et la Bête, Jean Marais et Josette Day.

Liesse à l'annonce de la capitulation de l'Allemagne.

Du côté de Bordeaux, mon oncle et ma tante sont devenus grands-parents : une petite Martine est née chez Jacques, leur fils aîné. Suzanne garde souvent sa nièce, ce qui lui permet d'échapper aux après-midi dansantes organisées chez ses amies, qui ne l'amusent guère. Pour avoir fréquenté l'académie de danse et appris le tango, la valse, le paso-doble et le fox-trot, elle n'en reste pas moins une piètre cavalière. Les distractions de ses frères, du football aux baignades dans la rivière, l'amusent bien davantage. Comme eux, elle aurait voulu faire des études scientifiques, mais son père a décrété que les filles font des études classiques, lettres et latin – matières qu'elle déteste.

Rien n'est simple. Le pays, ruiné et détruit, peine à se relever : deux ans après la fin de la guerre, notre quotidien reste très difficile. Nous n'en pouvons plus des cartes de rationnement, du marché noir et des pénuries constantes. Le découragement gagne les Français.

Parallèlement, le gouvernement doit faire face à une insurrection menée par Hô Chi Minh en Indochine, où des corps expéditionnaires sont envoyés pour rétablir l'ordre. Au printemps 1947, le mécontentement général atteint son paroxysme : des grèves éclatent dans tous les secteurs. Les ouvriers protestent contre le blocage des salaires, les cheminots bloquent les voies ferrées, et bientôt le nombre de grévistes dépasse les 3 millions. Le pays traverse une crise dont nul ne prévoit l'issue.

Loin des grèves de 1936, la violence du conflit social est inquiétante. Dans les rues, les manifestations dégénèrent en une bataille rangée opposant les forces de l'ordre aux militants communistes. Les sabotages se multiplient : un déraillement de train tue vingt et une personnes. Pendant l'hiver, la situation s'aggrave de jour en jour ; la menace d'une guerre civile plane sur le pays.

Made in USA

« Les Américains ! Les Américains ! »... Quand le convoi passe, tous se précipitent sur le bord des routes pour acclamer les GI, formant le V de la victoire avec leurs mains levées. Et les héros sont généreux, distribuant à la foule enthousiaste friandises et cigarettes. Les plus agiles, au balcon, réussissent même à attraper ce qu'ils lancent en direction des fenêtres : les enfants découvrent les chewing-gums Wrigley's, de fines plaquettes enveloppées dans du papier doré, et les barres chocolatées. Le chocolat, les plus jeunes n'y ont jamais goûté, et les autres en ont été privés pendant cinq ans...

Les boys au sourire éclatant font l'unanimité. On admire leur équipement, leurs Jeeps puissantes et légères, leurs uniformes à l'allure moderne, avec blouson court et Ray-Ban Aviator. Accroché à l'élastique de leur casque, un paquet de Lucky Strike, les blondes au goût de miel qu'on allume avec le briquet-tempête en métal Zippo. Camel, Pall Mall et Chesterfield font aussi partie du débarquement.

Pour les Français soumis aux pires privations pendant l'Occupation, l'abondance des rations attribuées aux GI semble miraculeuse. Et les libérateurs partagent sans compter : on se régale de boîtes de pork and beans, *on reste plus dubitatif devant celles de* corned-beef, *dont le contenu demeure difficile à identifier, et l'on découvre le café soluble. Pour se distraire, les jeunes soldats jouent à lancer une balle qu'ils rattrapent avec un gant : ils appellent cela le « base-ball ». Enfin, côté musique, le rythme des succès de Glenn Miller, de* Moonlight Serenade *à* In the Mood, *reste indissociable des bals de la Libération.*

Les soldats américains sont accueillis en héros.

D'un pas alerte, en route vers les Trente Glorieuses.

En route vers des jours meilleurs

Et brusquement, tout rentre dans l'ordre. Les syndicats, redoutant le pire après huit mois de tensions extrêmes, donnent l'ordre de reprendre le travail.

Quant à nous, nous avons quitté l'école. Certains jeunes hommes sont déjà entrés dans la vie active, d'autres poursuivent des études. Moins nombreuses sont celles, parmi nous, qui songent à leur avenir professionnel : à l'horizon se profile surtout le mariage, à l'occasion duquel nous quitterons le domicile familial.

J'ai étudié la comptabilité et la dactylographie, ce qui me permet d'être engagée comme stagiaire au service de la paie, chez Christofle, rue Royale. Mon amoureux, un ami de mon cousin, vient parfois me chercher à la sortie de mon travail. Nous allons boire un verre au café et danser au bal le samedi soir. Comme Édith Piaf, nous avons envie de voir *La Vie en rose* : « C'est lui pour moi, moi pour lui, dans la vie / Il me l'a dit, l'a juré, pour la vie »... Mais le jeune homme ne plaît guère à mes parents, qui me convainquent de renoncer aux fiançailles.

Dimanche ensoleillé à la campagne.

À l'image d'une génération avide de commencer enfin à vivre, Yves Montand et Édith Piaf, en 1946.

Nous aurons bientôt 20 ans. Nous allons rencontrer l'homme ou la femme de notre vie, nous marier en robe blanche, fonder un foyer, avoir des enfants. Nous entrerons dans le temps de la reconstruction, du plan Marshall et de la consommation. La France est alors en marche vers les Trente Glorieuses : nos maisons seront équipées de réfrigérateurs, de télévisions, d'aspirateurs, de ratatine-ordures et de coupe-friture achetés à crédit.

En attendant, la jeunesse parisienne, avide de fête et de musique, se bouscule dans les cafés et les caves de Saint-Germain-des-Prés, où Boris Vian joue de la trompette, où Jean-Paul Sartre et Simone de Beauvoir passent embrasser Juliette Gréco, et où tous se saoulent de be-bop.

Et quand vient le jour de notre anniversaire, et qu'à la table familiale nous ouvrons pour l'occasion une bonne bouteille de vin, nul n'oublie de le rappeler : 1929, un millésime vraiment exceptionnel.